TOKO AMEMIYA

MY HOME, MY LIFE.

KOBUNSHA

PROLOGUE

どちらかと言うと自分のすべてをさらけ出すのは苦手なほう
です。SNS でもあまり自宅をお見せできないのはそのせい
でもあります。例えば本棚などはその最たる例で、自分の愛
読書を晒すなんて恥ずかしすぎて（今回もそんな理由で本棚
は撮影していません〈汗〉）。しかも、そんなに大きな家では
ないですし、ほかにご紹介しているパリジェンヌたちのよう
に、全体的に統一感のある、うっとりするような家でもない
のです。

それでも今回公開させていただくのは、家作りにこだわるこ
とがこんなにも楽しいことだと知ったから。とくにパリには
細かいパーツに至るまで美しいものが豊富にあります。業者
さんにお任せするという選択肢もあるけれど、自分の理想形
に近づけたいと自ら足を運び、時には経済的な理由で諦めた
り妥協したりしながらも、思い描いた家に至る過程までもが
ワクワクすることだと知りました。そんな思いを皆さんと共
有させていただけたら幸いです。

MY HOME, MY LIFE.
CONTENTS

Chapter 01

WELCOME TO MY ROOM
006

TOKO'S STYLE
008

LIVING
リビング
012

BEDROOM
ベッドルーム
018

KITCHEN
キッチン
022

CLOSET
クローゼット
026

BATHROOM
バスルーム
036

ENTRANCE
玄関まわり
040

Chapter 02

MY LIFE STYLE
046

TABLEWARE
テーブルウエア
048

GLASS / TOOLS
グラス／調理器具
052

STOCK
ストック
053

TEA TIME
ティータイム
054

FLOWER
花
056

RELAX ITEM
リラックスアイテム
058

BEAUTY
ビューティ
060

FRAGRANCE
香り
062

DECORATION
飾り
064

ART
アート
066

CULTURE
カルチャー
067

Chapter 03

ROOM TOUR in PARIS

084

01
Johanna Van Vliet
Yves Llobregat

086

ジョアンナ・ヴァン・ヴノリットさん
イヴ・ヨブレガさん

02
Anne Geistdoerfer

094

アンヌ・ジェスドエファーさん

03
Maho Kimoto

102

木本真帆さん

OTHER

PROLOGUE

002

COLUMN 01
ENCOUNTER WITH MY HOME

044

現在の住まいとの出会い

FEEL 4 SEASONS OF PARIS
パリの四季を味わう

printemps [春] 068

été [夏] 070

automne [秋] 072

hiver [冬] 074

COLUMN 02
MY FAVORITE TIME

076

愛するパリ、心豊かな時間

SPECIAL ISSUE
CREATE MY HOUSE

078

私の家作り

EPILOGUE

110

TOKO AMEMIYA　　MY HOME, MY LIFE.

Chapter

01

WELCOME TO MY ROOM

現在は息子とふたりで暮らすアパルトマン。
北欧やイギリス、そしてミッドセンチュリーと
部屋やコーナーごとにさまざまなテイストが混在しているのは、
私の「好き」を詰め込んでいるから。
それを「パリスタイル」と言うのは少しおこがましいけれど、
自分なりにこだわり抜いた結果、今、
心から寛げる我が家が完成しました。

TOKO AMEMIYA　　MY HOME, MY LIFE.

TOKO'S STYLE

1.

1. ベースはシンプルに

リフォームから手掛けた今の部屋ですが、壁や床、ドアなどに使う色数をできるだけ減らしました。インテリア製品や生活雑貨も基本的に飾り気のないシンプルなものを選んでいます。色味は白、黒、オートミールカラー、グレーなど、落ち着いた色合いでトーンを統一。ナチュラルになりすぎず、温かみもある部屋になりますし、季節の花やグリーンを飾ったときにもよく映えます。

Chapter 01　WELCOME TO MY ROOM

TOKO'S STYLE

2. できるだけ妥協しない

こだわりたいポイントは妥協しないようにしています。今の部屋ではバスルームにとことん力を入れ、イメージボードを作って建築士の方にお見せして、パーツなども自分で買い集めて使ってもらいました。ちょっとした収納ボックスなどにも妥協せず、そのボックスの幅、高さに合わせて収納棚を誂えて頂きました。少しずつでも気に入ったものだけを集めて作り上げるようにしています。

TOKO'S STYLE

3.

3. ヒントは街中にあり

部屋のイメージソースは、写真集や訪れた先の素敵なお宅などいろいろですが、街で見かけたディスプレイを参考にすることも多いです。例えば息子の部屋は壁で区切るのではなく行きつけの書店のウィンドウディスプレイで見た間仕切りを参考にリフォーム。仕切りをオープンにすれば気持ちの良い開放感が出るようになりました。インテリアショップも定点観測して模様替えのヒントを得ています。

Chapter 01　WELCOME TO MY ROOM

TOKO'S STYLE

4.

4. アイコニックなアクセントを目立たせて

シンプル&スタイリッシュをベースにしているからこそ、ひとひねりあるデザインをポイントで取り入れています。猫足のバスタブや、アートピース的なランプ、ベッドルームのキャンドルなど、美しいと思えるものが目に入るたびに嬉しくなります。部屋が雑然としているとせっかくのアイテムが埋もれてしまうので、ポイントになるものの数は絞って。新しいアイテムを取り入れる時は熟考することも大事です。

Chapter 01　WELCOME TO MY ROOM

LIVING

居心地のよさを
重視した光あふれる空間

一日の中で多くの時間を過ごす空間はリビングですよね。それだけに「こうしたい！」というところは少なからずあって、まだまだ発展途上です。例えば床。当初はもっと濃い色のフローリングだったのですが、1回削って、さらに「Javel（ジャベル）」という液体で色を抜きました。それにマットなニスを塗ってあるのですが、現状、理想の色には到達していなくて。もう少し淡い色味にして、北欧テイストを強められたらいいなと思っています。大切にしているのは、「温もり」。全体的にスッキリとクールなイメージでありながら、どこかに温かみがあるリビングが私の理想です。完璧にクールを追求したお部屋はかっこいいけれど、いわゆるモデルルームのような家では訪れる友人も私自身も心から寛げないので。実際に心地よく暮らすためには、程よい生活感も必要だと思っています。

TOKO AMEMIYA　　MY HOME, MY LIFE.

WINDOW

パリの窓

この家に決めた理由のひとつが、ふんだんに日差しが注ぐ2面採光の大きな窓です。アパルトマン自体が道路からだいぶ入ったところに建ち、中庭に面しているのでとても静かで窓から外を望んでも誰とも目を合わせずに済む。なのでカーテンは取り付けず光をたっぷり取り込みます。日本、特に都市部ではなかなか叶わないことですが、オスマニアン建築ならではの、この観音開きの窓はとてもパリらしい雰囲気で気に入っています。

Chapter 01　　WELCOME TO　　LIVING
　　　　　　　MY ROOM

内開きの窓の外側にはシェード
を取り付けています。夏になると
このシェードを大きく下ろして日を
さえぎることが多く、そこに生ま
れる光と影のアンニュイなコント
ラストにパリの夏を感じて。窓の
外には小さめのバルコニー。人
が出られるほどの広さはなくても、
ヤマボウシやアジサイといった白
い花の植木を育て、箱庭のよう
に楽しんでいます。このスペース
のおかげで生まれる抜け感。そ
れが、リビングに流れる雰囲気
をより心地いいものに演出してく
れているような気がします。

CHAIR

ひとり掛けのチェア

東京で購入し、バサに運んできた「FRITZ HANSEN（フリッツ・ハンセン）」のチェア。ファブリックの色も自分で選びました。

Chapter 01　WELCOME TO MY ROOM　　LIVING

LAMP

リーディングランプ

ソファに合わせて自由が丘で購入した、「IDÉE（イデー）」の「ランパデール アン ルミエール」。ブラックの色味とフォルムに惹かれて。

CUSHION

長年愛用のクッション

かれこれ10年以上使っている小ぶりなクッションは、パリのマレ地区にあるセレクトショップ「Merci（メルシー）」で見つけたものです。

Chapter 01　WELCOME TO
　　　　　　MY ROOM

BEDROOM

木の質感と色にこだわったコージーな空間

「気」を休める場所であるベッドルームは、リビングに輪をかけてシンプルにまとめました。下部はウッド、上部は白のツートンの壁は、建築家でありインテリアデザイナーの前オーナーからそのまま継承したもの。当初は私の好みとは少し違う気もしたのですが、木目が美しいウッドウォールの温かみと、このミッドセンチュリーテイストをそのまま生かすことにしました。この部屋の主役はもちろんベッドなわけですが、実は私は親しい友人たちから「ベッドメイキング女」と呼ばれておりまして（笑）。撮影用ではなく、この状態が日常で、自分なりに整えなければ気持ちが悪いんです。朝、目覚めたら、冬でも必ず窓を大きく開けて空気を入れ替え、ベッドメイキング。シーツなどのリネンも基本はホワイトで、そこに夏は寒色系、冬は暖色系という風にピローカバーで季節感を演出します。思えばパリではベッドルームを美しく設えているお宅が多く、これにはフランスの文化のひとつかもしれませんね。

TOKO AMEMIYA　　MY HOME, MY LIFE.

LIGHT

リーディング
ライト

ネットで見つけたアームを壁に作り付けてもらい、「LE BHV MARAIS（ル・ベーアッシュヴェー・マレ）」で購入した電球を合わせて。

BED LINEN

ベッドリネン

シーツは基本的にはホワイトの麻素材で、盛夏のみコットンに。季節によって色を変えるピローケースともに「Merci（メルシー）」のもの。

Chapter 01　　WELCOME TO MY ROOM　　BEDROOM

CURTAIN

麻のカーテン

オーダーしたレールに取り付けた麻のカーテンは、なかなかジャストサイズのものを見つけられなかったので、手縫いで自作しました。

CANDLE

アロマキャンドル

燭台形の2本のアロマキャンドルも、「Merci」で購入。ピローケースに使う2色をさりげなくリンクさせて楽しむことも。

Chapter 01　　WELCOME TO MY ROOM

KITCHEN

"何も出ていない"が理想の
シンプルなキッチン

「時間と手間をかけて自分が心地いいと思える空間を手にいれることは、日々を大切にすることにつながる」—— 以前のエッセイでこう綴った私ですが、この家を作り上げていく中で改めてそう認識しました。インスタグラムに写真を投稿したところ、嬉しいことに多くの方々から反響を頂いたこのキッチンも、そうした「家」に対する私の美学のようなものを貫き、ひとつの理想形に近づけることができたと思っています。カウンターのように見える3台の冷蔵庫、冷凍庫を収納した棚、ホワイトを基調にブラックのアクセントを効かせたモノトーンの世界観。オープンキッチンだからこそ、生活感あるものがなるべく出ていない状態を保つために、私は調理家電も必要最小限に抑えているのですが、電子レンジ、オーブントースター、炊飯器という日々の生活に不可欠なものは敢えてインテリアの一部に。気に入ったデザインのブラックで統一して、美観と利便性がなるべく共存する空間を追求しました。

TOKO AMEMIYA　　MY HOME, MY LIFE.

LAMP

ランプシェード

ネットで見つけたヴィンテージの工業用ランプ。実は2個売っているところがなくて、必死で探して2つのショップから購入しました。

TAP

水栓

ランプに合わせて黒にしたかったので、かなりこだわって選んだマットブラックのキッチン水栓は「GROHE（グローエ）」製。

Chapter 01　　WELCOME TO MY ROOM　　KITCHEN

FRIDGE

冷蔵庫まわり

3台の冷蔵庫、冷凍庫がピッタリ収まる収納はオーダーですが、材料は自分で専門店に行ってこの人工大理石を選び抜きました。

CUTLERY TRAY

カラトリー収納

主に「クリストフル」のカトラリーを収めたこの引き出しを含め、キッチンの収納は、外はホワイト、中はグレーで統一しています。

Chapter 01　WELCOME TO MY ROOM

CLOSET

大容量のクローゼットは
壁と一体化させて

この家で目指した「シンプル&スタイリッシュ」をある程度実現できたのは、リビングの壁一面に誂えたこの大容量のクローゼットの存在が大きいと思います。私と息子の洋服や小物類から靴、そして生活用品まで、生活感のあるものはここに全て収めています。やはり「隠す収納」は、生活感を払拭するいちばんの近道なので、これまで住んだ家でも収納の有無、容量は重視してきましたが、今回のこのクローゼットはなかなか気に入っています。ベースは前オーナーから引き継いだ形になりますが、当初は天井まではではなく、上部は空間で白壁が見えていたんです。しかしそれはもったいないと思って、部屋の高さいっぱいのクローゼットへ造り変えました。これだけ多くの面積を占めるクローゼットなので、扉のグレーの濃淡のカラーニュアンスや質感も、私が心地いいと思えるものを追求。実は表から見える場所だけではなく、普段は隠れている内側のペイントにもとことん手をかけました。

TOKO AMEMIYA　　MY HOME, MY LIFE.

HANGER
RACK

ハンガーラック

クローゼットの中に掛けるハンガーポールも実はマットブラックにしたかったのですが、掛け外しの多いポールは色がはげやすいということでシルバーで妥協。

STEP

クローゼット用はしご

はしご本体も、クローゼット上部に取り付けたはしご掛けもマットブラック。クローゼットを造ってくれた昔馴染みの職人さんにオーダーしました。

028

DRAWER

引き出し

引き出しも前のオーナーから継承しました。引き出しも含め内側は、クローゼットの表側の下部と同じ淡いグレーでペイント。普段は見えないところでも、開けた時の美しさはやはり気持ちがいいものです。

IN THE CLOSET

BAG

娘に受け継いでほしいと思う名品バッグ

フランスを代表するメゾンである「HERMÈS（エルメス）」は、私にとって永遠の憧れです。頑張って働いた自分へのご褒美というわけでもないけれど、ご縁あって入手できたいくつかのアイテムは、全て大切に使い続けています。その中でも思い入れが深いのが、ブラックとトープカラーの、ふたつの「バーキン35」。日本ではストラップにツイリーを巻いて使っている女性を多くお見受けしますが、不思議なことにフランスではまず見かけません。購入したのはもう10年以上前になりますが、この年齢になってようやく自分に馴染んできたように思います。

Chapter 01　WELCOME TO MY ROOM　CLOSET

SHOES

気に入った靴は
色違いで揃える

私の友人はよく知っていますが、気に入った靴は色違いで何足か買い足してしまいます。例えばスニーカーなら、「CONVERSE（コンバース）」のハイカット。これはパリジェンヌの定番で、こちらに来てから好きになりました。もう何足リピートしているのかわからないほど！ 深いレッドとホワイトのサンダルは、「THE ROW（ザ・ロウ）」の「Bare（バレ）」。安定感がある絶妙な高さのヒールとヌーディなデザインが気に入っています。

IN THE CLOSET

SPRING & SUMMER STYLE

1. 涼しげなシャツを さらりと軽やかに

クーラーの冷気に弱いので夏でもデニムに薄手の長袖シャツが定番スタイルのひとつ。スニーカーはNIKEのもので、スカートやスーツに合わせることも。カジュアルな時は小物やバッグを綺麗めにして大人カジュアルに仕上げます。

2. 定番アイテムこそ シェイプにこだわって

自分のテーマカラーでもある墨色のシャツは美しいシルエットに惹かれて数年前にエキップモンで購入。パンツはZARAのグレーデニムで、アタリ加工が残るように自分で裾上げをしました。二重巻きベルトをアクセントに。

3. Tシャツコーデは 色とサイズがポイント

ハーレーダビッドソンのTシャツは白、黒、グレーなどベーシックカラーをモチーフやサイズ違いで持っています。この日はオーバーサイズにデニムでリラックススタイルに。ショートパンツを合わせて部屋着にすることも。

4. 羽織りにも使える 軽やかブラウス

ラフィアのかごバッグをコーデのメインに。トップスはバッグのこげ茶色となじみがいいピンクベージュをセレクト。薄いシフォン生地のブラウスでオフショルダーにもできる優れもの。チューブトップのインナーを合わせて。

Chapter 01　　WELCOME TO MY ROOM　　CLOSET

SWIMSUIT

夏といえば
ヴァカンス水着

夏が近づくと、フランスのデパートやブティックにはビーチウエアやサマードレスが並び、ヴァカンスを迎える準備が始まります。もちろん私も、夏と海は好き！ 近年の夏はもっぱら日本に帰国していてしばらくリゾートから遠のいていますが、サマーアイテムはお気に入りのものを揃えています。上の写真は、夏のヴァカンスに欠かせない小物たち。たまたま通りかかったブティックで衝動買いした「HERMÈS」のヴィンテージのパレオに、LAでひと目惚れしたハット。履き心地抜群の「TRUSSARDI」のトングと、友人が手掛けている「MERCIEL」というブランドのかごバッグ。買った時期はバラバラですが、自分好みのスタイリングになりました。下の白いビキニは、日本で購入したもの。フェザーモチーフのパレオで、シックなモノトーンのビーチコーディネートを完成させます。

IN THE CLOSET

AUTUMN & WINTER STYLE

**1. 秋冬の定番
ポンチョ×デニム**

色が絶妙なリーバイスのヴィンテージデニムはオールシーズン使えるワードローブのスタメン。形が綺麗でラフになりすぎません。白のタートルニットに紺色のスエードポンチョと合わせて。足元はCONVERSEです。

**2. 形が美しいアウターは
冬のワードローブに必須**

フィービー時代のセリーヌの濃紺のポンチョコートは、カジュアルにもシックにも着られて重宝します。ブラックデニムとセーターを合わせて、バッグはJ&Mデヴィッドソンのチェーンハンドルのものをチョイス。

**3. 温度調整も便利な
カーディガンコート**

もこもこ素材のカーディガンコートは春の手前あたりの時期にぴったり。P35でも紹介しているニーハイブーツにスリムパンツをインして。気軽なレストランなどにも対応できる、動きやすさ重視の街歩きスタイルです。

**4. 冬の白コーデは
温かみのある色合いで**

ベージュカラーのスエードポンチョはかれこれ10年ほどの愛用品。ベージュに馴染みやすい少しだけピンクベージュがかった白ニットと組み合わせました。最近は真っ白よりも少し温もりがある白が好きです。

Chapter 01　　WELCOME TO MY ROOM　　CLOSET

WINTER ITEM

冬が待ち遠しくなる防寒アイテム

「冬の方がおしゃれが楽しめるから好き！」というほどおしゃれなわけではない私ですが（笑）、小物使いが上手なパリの女性たちの着こなしはとてもインスパイアリング。ブーツやストールといった防寒アイテムもお気に入りを揃えて、寒いパリの冬も楽しめるようになりました。タイプの異なるブーツは左から、「マノロ ブラニク」「ジャンヴィト・ロッシ」「セリーヌ」。本当に気に入ったものだけを少しずつ買い揃え、大切に履いています。大判のストールは、友人からのクリスマスプレゼント。色味もフリンジ使いも私好みで、いろいろな着こなしに合わせやすいのも魅力です。

Chapter 01　WELCOME TO MY ROOM

BATHROOM

部屋作りの起点となった
お気に入りの空間

結果的にこの家の中で、手間も時間も、気持ちもお金も使ったのがバスルーム。当初あった造り付けの棚も壁も何もかも取り払い、ゼロの状態から作り上げました。思えばこの空間が、今回の家作りの起点となっているかもしれません。バスルームの主役となるバスタブは、当初は猫足のものは全く考えていなくて、もっとシンプルなアメリカンタイプを想定していたんです。でも、たまたま見に行ったバスグッズのショールームにこれがディスプレイされていて、「近々展示を変えるから現品処分でディスカウントする」と言われて。運命的なものを感じ、このバスタブに決め、配置も考え抜きました。また壁に張ったタイルも、もうさまざまなサンプルを取り寄せたり、専門店に足を運んだりしてようやく決定。床は床で建築家の方に具体的なイメージをお伝えし、それを設計図に落とし込んだものをイタリアのモザイクタイル屋さんに発注していただいたりと、細部に至るまでこだわりました。

MIRROR & SINK

ミラーと洗面台

パウダーコーナーは、オークションで落札したミラーも、「Burlington（バーリントン）」の洗面台も英国製で、イングリッシュテイストで統一。

SHELF

シェルフ

2個所有していたデンマークの「MUUTO（ムート）」のバスケット。改装の際同じものを買い足して、ここは「見せる収納」に。

Chapter 01　WELCOME TO MY ROOM　　BATHROOM

↓ TAP

水栓

天井が高い分、空間があるから間延びしないよう、水栓は高級感を追求して吟味。最終的に選んだのは、「Margot（マルゴー）」のものです。

→ DOOR

ドア

ホワイトだったドアは、墨紺に近い深めのニュアンスブルーにペイントしてもらいました。P2の写真に写っている専門店で購入したドアノブを取り付けて。

BATH-TUB

猫足
バスタブ

この空間のイメージの基点となった、アイボリーとホワイトツートンカラーのバスタブも、展示品セールで出合った「Margot」のもの。

Chapter 01　WELCOME TO MY ROOM

ENTRANCE

生活感も愛しい
実用性重視の玄関

驚かれる方も多いかと思いますが、フランスでは日本のような段差のある玄関がある家は滅多にありません。今では日本のような土足禁止のお宅も増えてきているようですが、基本的には靴を履いたまま家に上がって生活するという文化。我が家もドアを開けたらすぐそのままリビングという造りで、特にエントランスを演出してはいません。なのでエントランスまわりで手を加えたことといったら、鍵をひとつ増やしたことくらいでしょうか？　私のアパルトマンは、道路から敷地に入るドア、中庭を抜けて建物に入るドアと、この部屋に至るまで二重のオートロックでセキュリティはしっかりしているのですが、もしも盗難に遭った場合は、玄関にふたつ以上鍵が付いていないと保険が下りないんです！　靴類はP26のクローゼットに収納しているのですが、息子は脱ぎっぱなしのことも多く、ここに彼のスニーカーが散らばっていることも。注意する一方、そんな何気ない生活の景色が愛しいと思う日々です。

TOKO AMEMIYA　　MY HOME, MY LIFE.

PRIVATE ROOM

息子のスペース

リビングの一部を改装し、玄関横に息子のプライベートスペースを作りました。
天井に梁のようなものが残っているこの場所は、もともとはひとつの独立した部屋を、
前オーナーが壁を取り払ってひとつの大きな空間にしたスペース。
その名残を活用して、フランス語では「Barrière（バリエール）」というのですが、
格子で空間を仕切り透け感のあるカーテンを設えました。

Chapter 01   WELCOME TO MY ROOM   ENTRANCE

大きい面積を占めるカーテンは、色も素材感もこだわり抜いて選んだもの。これは「Merci（メルシー）」で見つけた既製品ですが、「墨紺」と表現するのがいちばん近いでしょうか。グレーに近いスモーキーなネイビーで、この家のアクセントカラーのひとつ。浴室のドアの色も、この色に近いです。写真には写っていませんが壁面には造り付けのシェルフがあり、そこにディスプレイするものはもちろん、彼のご自由にどうぞということで（笑）。

TOKO AMEMIYA   MY HOME, MY LIFE.   COLUMN 01

ENCOUNTER
WITH
MY HOME

現在の住まいとの出合い

今住んでいるアパルトマンとの出合いは5年前の秋頃。そう、新型コロナウイルス感染症がパンデミックになる前のことです。日本での3年弱の仕事を終え、パリに拠点を戻したのはいいのですが、日本にいる間に、それまで住んでいたアパルトマンを解約してしまっていたので、物件探しは最優先事項でした。

連日目が覚めてから深夜まで物件を探す日々。少しでも気になった物件があれば、すぐに不動産会社にアポを入れ、見に行きました。1日に3軒の内見を入れたことも（笑）。パリの不動産事情は、需要に対して供給が追いついてなくて、条件に合う物件に出合うまで最低3カ月はかかると言われています。私もご多分に漏れず、ここなら、という物件が現れても、寸前に他の候補者に先を越されたりして落ち込むことがありました。

あれは物件を探し出してから3カ月を超えた頃でした。その日、予約していた物件の内見について、ある不動産会社の担当者から携帯に連絡があったのです。実は昨日、内見したお客さんが即決してしまったので、もう内見はできない、と。その代わり、お薦めの新しい物件があるから、今日見に行こう、と。正直、期待していなかったのですが、それが今の我が家です（笑）。

まず、部屋に1歩入るなり、陽当たりの良さに目を奪われました。この家は日本でいう2階ですが、2階でここまで陽当たりのいい家は、今まで見たことがなくて。あとは天井の高さ、部屋数は多くなくてもリビングに抜けがあること、お向かいの人と目が合わないこと、という私の条件をばっちりクリアしていて、この段階で私の心は決まっていました。

そしてそして……。そこからリフォームの工事が完成するまで、コロナ禍ということもあり、1年弱かかったのですが、結果的に家作りにかける時間もエネルギーもたっぷりあったことは、ある意味恵まれたことだったと思っています。

TOKO AMEMIYA　　MY HOME, MY LIFE.

Chapter
02

MY LIFE STYLE

お気に入りの日用品やインテリア小物、
パリでの暮らしに欠かせないものを集めました。
長年大切にしているもの、運命的に出合ったもの、
たくさんではなく、心から好きなものだけ。
その存在が日常を豊かにしてくれます。

[1]
TABLE-
WARE

食器はホワイトと
ブラックを基調に
シンプルなものをセレクト

親しくさせて頂いている料理研究家の渡辺有子ちゃんやカメラマンの篠あゆみさんをはじめ、周りにはなぜか食器好きの友人が多く、彼女たちに比べたらそんなにコレクションがあるわけではないのですが、テーブル周りの演出は好き。Brocante（ブロカント／蚤の市）で掘り出し物を探すのも大好きですし、旅に出ると持ち帰る大変さがわかっていてもつい食器を買ってしまいます。やはり基本はシンプルで、色はホワイトかブラック、あるいはペールトーン。色を入れるとしてもブルーくらいで、それは家のインテリアと共通しているかもしれませんね。

[1] TABLE-WARE

なぜか惹かれる青絵の食器

食器好きのなかには、ブランドありきというか、例えばブロカントでお皿の裏から見る人もいますよね。でも私は、選ぶ基準はブランドとか価格ではなく、「自分が好きか嫌いか」それだけ。つい選んでしまう好みのタイプのひとつに、いわゆる青絵のものがあります。上の写真の大皿と小皿は、独身時代にロケで訪れたベトナムの「REX HOTEL」のオリジナルのもの。とても気に入っているのでまた次に行ったらもっと買おうと思っていたのですが、その後食器を手に入れることができなくなったと聞いてショックを受けています。右のページはウィローパターンのコレクション。中央の3つのミニボウルは京都のアンティークブティックで見つけたものでお気に入りです。京都でヨーロッパのヴィンテージ食器を買うというのが我ながら自分らしいなと思いますが（笑）、とてもセンスのいいバイヤーさんが買い付けていらっしゃるようで、京都に行ったら必ずお邪魔しています。

[2] ↑
GLASS

家族のイニシャル入りの薄張りグラス

とっておきのドリンクを飲む時のとっておきのグラス。薄玻璃グラスは繊細なので取り扱いに気を使いますが、やはり何を飲むにしても美味しく感じます。これは「Sghr（スガハラ）」というガラス店で私がデザインさせて頂いたもの。上部に入れたラインやモチーフのニュアンスのある色味など、いろいろなこだわりが詰まっています。子どもたちと私のイニシャルが入ったこの3つのグラスは小さな宝物。今はもう入手できないので、大切に使っています。

[3] →
TOOLS

使い込むほどに愛おしくなる道具たち

アナウンサー時代出演させていただいていた『チューボーですよ！』の経験は私の食生活に大きく影響していて、滅多に使わないキッチンツールも必要とあれば買わずにいられません。例えばカツオのたたき用の串とか（笑）。愛用の鍋は「ボン・マルシェ」で購入したステンレス製片手鍋と「ストウブ」のココット。ソープディッシュとキッチンブラシは「Merci」、ダスターはネットで探して。シックなスポンジは「Hema」というプチプラ雑貨店で発見。

[4] →
STOCK

オイル&調味料には
こだわりあり

素材が美味しいフランス。シンプルに頂くことが多いから、オイルや調味料にはこだわります。奥のボトルは「Bellota- Bellota（ベジョータ・ベジョータ）」というイベリコハム専門店のエキストラヴァージンオリーブオイル。料理にも惜しみなく使います。外食もそう多くないので、そのぶん贅沢に。左はBIO（ビオ）のホワイトバルサミコ酢。実は酸味が苦手ですがこれはまろやか。中央は「ボン・マルシェ」のメープルシロップ、右の袋は友人のマダガスカル土産のワイルドペッパーで、複雑な味わいが気に入っています。

[5]
TEA TIME

白を基調にした食器で統一感を作る

家では滅多にお酒を飲まないし、娘がお茶好きということもあって、自宅でお茶を頂く時間を慈しむようになりました。ティータイムは、夕方か、あるいは夕食の後。フランスではお酒を飲みながらディナーを楽しんでも、最後はやはりお茶を頂いてホッとするのが習慣なので、紅茶のほかにハーブティーも常備しています。器も基本のホワイトとブラックのほか少し冒険することも。雰囲気の異なるティーセットをシチュエーションによって使い分けます。

私にしては珍しいファンシーなピンク色のティーセットはブロカントで衝動買いしたもの。映画『マリー・アントワネット』を観てその世界観に影響されたのだと思います(笑)。たまにこういう突発的なブームが来ることありませんか?

デイリーユースの「クリスチャンヌ・ペロション」のブラックのボウルと、「MUUTO」のティーポット。たくさんお茶を飲む友人が来た時は必ずこのボウルに、なみなみと紅茶を注いで。手に取った時の温かみのある感触も気に入っています。

[6]
FLOWER

季節の花を欠かさず飾って

パリではお花がとっても身近な存在で、毎日の暮らしに欠かせないもののひとつです。私は恵まれていて、パリで活躍しているフローリスト・濱村 純ちゃんが友人なので、彼女を通して季節の花々を調達したり、時にはプロの花市場に連れて行ってもらうことも。花器やアレンジについても彼女からいろいろ教わりました。デイリーにテーブルを飾る花器は小さめがいいということ、お花の長さや大きさと花器の口径や長さとのベストバランスなども。左の写真は私が好きな花のひとつ、アジサイのビフォア（上）アフター（下）。ドライフラワーを作るつもりは全くなくても、捨てがたくてそのままにしていたら自然に乾いてこうなったという（笑）。一緒に乾いてくれたユーカリもアレンジのアクセントになるのでずっと飾っています。

1. フランスの新年には、天井からギー（ヤドリギ）を吊るし、無病息災や幸運を祈ります。その下を歩いたタイミングでギーの実が落ちてくると幸せになるという言い伝えが。我が家でも毎年こうしてギーを飾ります。

2. ちょっと寒気がした時には、風邪対策になると言われているコリアンダーの花をキッチンに。香りの効果で頭痛にも効くとか。こちらではハーブや香りのある花で体調を整えることも多く、植物が暮らしに溶け込んでいるのを感じます。

3. パリの人々が大好きな花のひとつがアジサイ。私もアジサイの季節になるといろいろな色のアジサイを部屋のあちこちに飾って楽しみます。この日はシックなカラーのものを葉ものと別々の花器に生けてキッチンに。

4. お花のセンスが大好きな友人のフローリスト、濱村純さんからいただいた花。ストロベリーキャンドルがアクセントになっているブーケは10年以上愛用しているアスティエの花器に合わせたら素敵な雰囲気に。

5. シャクヤクはアジサイと並んで好きな花。コマンド・パフォーマンスという種類のものは色が濃いピンクからだんだん変化するのが特徴です。わずかな期間にしか手に入らないので入荷連絡をお願いして毎年心待ちにしています。

6. 友人たちと一緒にレッスンを受けてクリスマスリースを作りました。モミ、ユーカリ、マグノリアの葉などをボリュームたっぷりに重ねて。玄関から目に入る息子の部屋のドアノブに飾ったら、色合いもばっちりマッチ。

[7]
RELAX ITEM

癒しに必要なのは上質な手触り

「部屋着」という概念がないフランス。自宅での時間をより心地よくするため、ブランケットやパジャマなどは上質な素材にこだわっています。パジャマはカメラマンの篠さんが手掛けるブランド「pageaérée（パージュアエレ）」。オーガニックコットン素材で本当に気持ちよく、母にもプレゼントしたほど。長年大切に使っている「HERMÈS」のブランケット「プレード」は、しなやかで暖かく、寛ぎの時間に手放せないアイテムです。

[8]
BEAUTY

美容はミニマムに だからこそ選び抜いて

フランスに来てから私のナチュラル志向はさらに加速したような気がします。フランスでの"美しさ"を喩えていうなら、「朝ベッドから抜け出した時から美しい」──それこそがとてもハードルが高いことだったりしますが。頑張っている感、作り込んでいる感を漂わせてしまうのは無粋。なるべくエフォートレスに見えるように努力をしているという、逆説的な美容道は私も実践したいところです。だからメークもできる限り引き算で。日常はクリームチークをポンポンと塗って、口紅をつけるくらい。だけど乾燥対策は万全に。ハンドクリームやヘアオイルで手や髪のケアを心掛けます。

[9] FRAGRANCE

日常を少しだけ豊かにする香りのアイテムたち

人に会えば、ハグ、ビズ（チークキス）の文化の国、フランス。香りも花と同様、毎日の暮らしに欠かせないもののひとつです。身に纏う香りだけではなく、ホームフレグランスもさまざまな種類のものがあり、私もいろいろ試しながら楽しんでいます。左のページの写真に写っているのは、「MAD et LEN（マドエレン）」のシグネチャーのポットポプリと友人からプレゼントで頂いたアロマキャンドル。上の写真はトイレの飾り棚で、「Astier de Villatte（アスティエ・ド・ヴィラット）」のキャンドルと「Aésop（イソップ）」のトイレ用フレッシュナーを、実用性を兼ねたインテリアにしています。

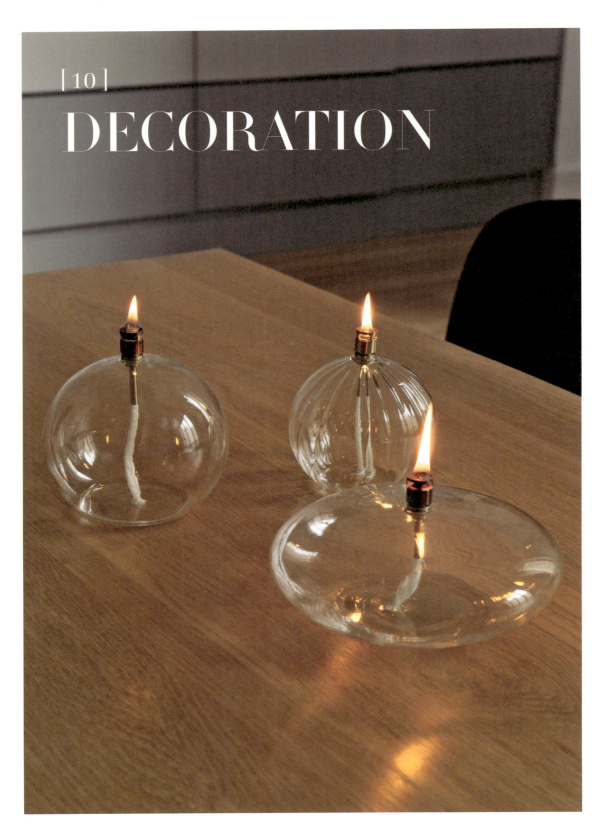

[10]
DECORATION

愛おしいオブジェたちは全て宝物

自覚しています、私がブロカントでつい買ってしまいがちな好物は、「特に何かの役に立つわけでもない妙に重いもの」(笑)。でも、インテリアを彩るオブジェってそういうものですよね。人様より引っ越しが多かった私の人生、家が変わるたびに淘汰を重ねてきたので、今あるものは本当のお気に入りのものばかり。左ページのアルコールランプは左と手前のふたつを友人からプレゼントで頂き、その後右奥のものを買い足しました。上の写真の松の実のようなつくしのような陶器のオブジェは、かなり昔にリールのブロカントで買ったもの。いつもは窓辺に置いています。右の写真の小さな鳥のオブジェは娘からのプレゼント。なぜか鳥の絵が描いてある食器も私のツボのひとつなのですが、それをよく知っている娘がパリの街で見つけて買ってきてくれました。こうして宝物が増えていくことは、人生の喜びのひとつですよね。

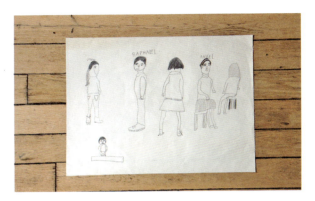

[11]
ART

子どもたちの作品は
唯一無二のアートピース

子どもたちは幼い頃、お絵描きが大好きで、ふたりともルーヴルの絵画教室に通っていました。世の中の多くのお母さんたちと同様、私も娘と息子が描いた絵は大切に保管しています。これらは全て息子が小学校低学年の頃のもの。親バカは承知ですが、なかなかセンスがいいと私は思っていて（笑）。私にとってはどんな有名アーティストの作品より価値のあるアートピースです。

[12]

CULTURE

ベッドにもぐり込んで
ページをめくる贅沢

綺麗なものを見るのが好き。そして
なぜか音楽でも、90年代のあの頃、
あの時代を感じられるものが好き。
そんな私が惹かれる写真家はブルー
ス・ウェーバー。80年代初頭から
2010年代まで、ファッションフォ
トグラファーとして多くの作品を残
してきた彼。写真集は今はクロー
ゼットに収めていますが、インテリ
アとして飾ってもいいかなと思って
います。

[FEEL 4 SEASONS OF PARIS]

パリの四季を味わう

printemps [春]

明るい日差しの下での大人時間
春はアペロの私的ベストシーズン！

寒くて暗くて、しかも長いフランスの冬。太陽の光を渇望しているパリジャンたちが心待ちにしていた春が訪れると、カフェではテラス席でアペロ（apéro）を楽しみます。アペロ──日本でも近年、使われるようになったと聞いていますが、「食前酒」を表す「Apéritif（アペリティフ）」の略。ですが本来の意味よりも、実際はディナーの前に軽くお酒を頂く習慣を指して使われることが多いです。もちろん一年を通して楽しめるけれど、まだ寒い日が少なくない４月が終わって、５月に入ってから始まる本格的な春が、私にとって、アペロのベストシーズン！　明るい陽光をいっぱい浴びながら楽しむアペロは、かけがえのない大人時間です。思えばこの時間帯は、かつては子どもたちのお迎えや夕食の支度などに追われてアペロどころではなかったっけ。それは私にとってとても幸せな歳月で、大切なものですが、子育ても落ち着いたこれからはもっとこういう時間を楽しんでいきたいと思っています。私のお気に入りの一杯は「PLANTATION PINEAPPLE STIGGINS' FANCY」というラムベースのリキュール。お店だけではなく自宅に友人を招いた時もまずはソファへ。アペロで一拍おいてからディナーを楽しみます。

(069)

[FEEL 4 SEASONS OF PARIS]

パリの四季を味わう

été [夏]

生命力いっぱいの夏野菜と果物の
素材そのものを味わう贅沢！

多くのパリジャンがヴァカンスに出て、春には満席だったカフェのテラス席も独り占めできるようになる夏。静かなパリを楽しむのも好きですが、お招き頂いて友人の別荘へお邪魔する機会もたびたびあります。別荘というと日本では贅沢なイメージですが、フランスではごく一般的で、海の近くにセカンドハウスを所有しているご家庭は少なくありません。ヴァカンス先では、たとえゲストを招いたとしても、手の込んだものは作らず（笑）。なぜなら、料理をする人がずっとキッチンに入ってテーブルにつかないのは野暮だから。それが女性ならなおさらです。テーブルに並ぶのは、野菜や果物、それにチーズと美味しいパンがあれば十分！　夏になると色の濃い野菜が食べたくなりますが、農業大国フランスは本当に素材そのものが素晴らしく、塩とオリーブオイルさえあればそれが何よりのご馳走になります。また、ノルマンディだったらバターやチーズ、トゥールーズだったらお肉というように、その土地ならではの美食を存分に頂けるのもヴァカンスの大きな楽しみ。そう、フランスではハーブ類がとても安くて、大きなハーブのブーケが1€ほどで買えてしまうんです！なので私は夏になると、ミントやローズマリーなどとレモンでハーブウォーターを作って、爽やかな香りを楽しんでいます。

(070)

[FEEL 4 SEASONS OF PARIS]

パリの四季を味わう

automne [秋]

「食欲の秋」という言葉はないけれど
フランスでも食いしん坊の季節

いちばん好きな季節は？と聞かれても、四季それぞれに魅力があるのでひとつを選べない私。でも強いて言うなら、夏の終わりでしょうか？　もちろんその切なさは万国共通だと思いますが、長すぎた夏が終わりを告げる頃にパリに漂う哀愁。そして新学期に向けて静かに漂い始める緊張感。ヴァカンスで弛緩した気持ちをピリッと引き締める、秋の始まりのなんとも言えない雰囲気も悪いものではありません。やがてブドウやイチジク、さまざまな種類のキノコがマルシェに並ぶようになったら、美味しい秋が本格的に始まります。夏はいかに手をかけないかが料理

のテーマのようなところがありますが、風が冷たくなっていくにつれ美味しいものが食べたくなるし、作りたくなる。フランスはキノコの種類が豊富なので、よくオイル漬けにして頂きます。いろいろなキノコを素揚げして、ベイリーフを入れたオリーブオイルに漬けるだけなのですが、それだけでもう、十分美味。また、ヴァカンスで不在だったシェフが戻ってきたレストランで外食を楽しむ機会も増えます。そう、夏は営業していてもシェフやスーシェフまでもが不在で味が落ちているケースもあるので、ガストロノミーを愛する方がフランスを訪れるとしたら、夏は避けることをおすすめします。

[FEEL 4 SEASONS OF PARIS]

パリの四季を味わう

hiver [冬]

スウィーツから海の幸まで
心を豊かに満たすパリの冬の楽しみ

「カンカンカンカン」という Chauffge（ショファージュ）——アパルトマンに備えられている暖房が稼働する音が聞こえると、冬の訪れを実感します。だいたい10月の終わりか11月の初旬でしょうか。フランスでは11月1日がカトリックにおける諸聖人の日、「Toussaint（トゥッサン）」という祝日なのですが、合わせて学校は2週間ほどお休みになります。これが終わると、夕方の5時過ぎにはもう真っ暗になり、本格的にパリの長い冬が始まるのです。この季節のティータイムにしばしば登場するのが、「Poilâne（ポワラーヌ）」のタルト・オ・ポム。パリ土産としても人気のサブレが有名なお店ですが、タルト・オ・ポムも素朴な味が気に入っています。料理では、コトコト煮込んだポトフやカボチャのスープ、そしてベシャメルソースから作るクリームシチューやラザニアなども子どもたちの好物なのでよく食卓に登場します。そして、冬といえば Noël（ノエル）！ フランスのクリスマスは日本におけるお正月のような、家族で過ごす最大のイベントです。ノエルのディナーで欠かせないのは、なんといっても生牡蠣。オイスターナイフを駆使して息子が器用に剥いてくれた生牡蠣は、私にとって至高のごちそうなのです。

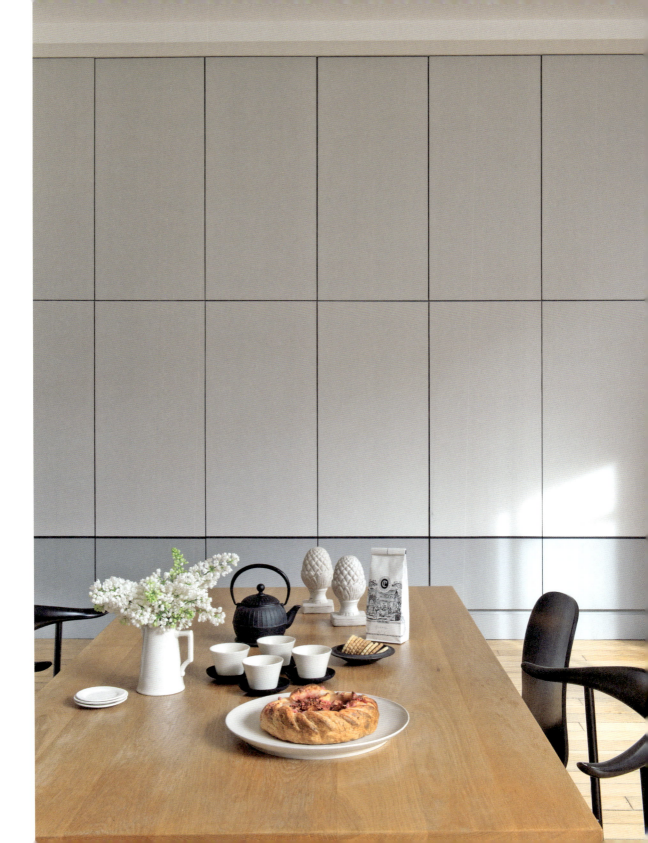

TOKO AMEMIYA　　MY HOME. MY LIFE.

COLUMN 02

MY FAVORITE TIME

愛するパリ、心豊かな時間

最近、よく考えさせられるのです。本当の豊かさってなんだろう、と。パリに住んでいる魅力的な友人たちに共通していることは、この"本当の豊かさ"を体現しているように見えることだったから。150㎡を超えるようなアパルトマンに住んでいるわけでも、全身ブランドものを纏っているわけでもないけれど、美しいものを見極める審美眼があって、日々の生活の中にそれを見出し、形に残らないものに時間とお金を注ぎ込める人。

具体的に言えば、例えばあるお皿が目についたら、まっさきにお皿の裏の銘柄を見て、それがブランドものなら、よりそのお皿を良しと思う人もいますよね。そうではなくて、例えそれが無名のアーティストのものでも、自分が美しいと思えば、躊躇なく購入する人。また、物質的なものに投資するのではなく、まだ見たことのない土地に行くことや、したことのない経験をするのに何よりお金を使える人。

"家"という物質的なものをテーマにした本で、矛盾しているとも思えますが、そういう心を豊かにすることを知っている人の家作りには、やはりそれが出ているような気がします。

ハイ＆ローを組み合わせるセンスや、アイデアで生活をワクワクさせる術というか……。そういうことを考えていたら、これからの人生も楽しく過ごせるのではないか、と思えるのです。

この家は、娘のフランス以外の国への大学留学を見越して購入した家です。現在大学生の息子も、いずれは家を出て行くでしょうから、一人になった自分を想定して作っています。息子も出て行ったら、きっと一抹どころか百抹の寂しさに襲われるのでしょうが、その時は一緒にいるという物理的なことではなく、子どもたちと心が繋がる豊かな時間をどれだけ重ねられるかに心を砕こうと思っています。

SPECIAL ISSUE

CREATE MY HOUSE

私の家作り

自分の"好き"にこだわりたいから、
さまざまなものからイメージを膨らませ、
時には工事現場に足を運んでコミュニケーションをとりながら、
納得がいくリフォームを追求しました。
その時に参考にしたことやリフォーム中の様子を少しだけ、ご紹介します。

CREATE MY HOUSE

IMAGE SOURCE
家作りの参考にしたもの

心からリラックスできるマイホームを作るために必要なことは、自分が美しいと思うものをたくさん見つけるということかもしれません。家作りのヒントになったソースの一部をご紹介します。

プロユースの店だからこその細かいラインナップ。問屋街的な街を歩いてこういうアイテムを見るとそれだけでワクワクします。

部屋のイメージを変える塗料の色味は、専門のショップに行って確認。微妙な色の差が印象を大きく変えると思い、こだわりました。

お気に入りの書籍や雑誌を眺めるのも、やはりアイデアのヒントをもらえます。こちらは私の大好きなサラ・ラヴォワンヌのスタイルブック。

インテリアショップやショールームには定期的に足を運んでいます。この頃はバスルームの鏡を探していて、こんなふうにいくつものショップを巡ってはピンとくるものを写真に収めていました。

パリのブティックはアイデアの宝庫。かわいいなと思ったら写真を撮っておきます。こちらは子ども服「Bonton（ボントン）」の店頭。

テキスタイルや塗料などメーカーから取り寄せられる見本は積極的に活用しました。WEBや写真では出せないニュアンスがわかります。

079

SPECIAL ISSUE

FLOW OF RENOVATION
リフォームの流れ

CLOSET

クローゼットを拡大して壁一面にするため板材を切るところからスタート。黄色いクローゼット扉も塗り直します。

悩んだ末、扉の色は濃淡2色のグレーに黒いラインを入れて、上品かつシャープな雰囲気を狙うことにしました。

グレーの濃淡を2度下塗りしたら、映写機のような機械を使って、光で黒いラインの位置を正確に決めていきます。

2本のマスキングテープの間を黒に塗ります。

ラインの太さはバランスを見て1.7cmに。幅を揃えるためマスキングテープをもう1本、慎重に貼ります。

その黒いラインの高さが決めた高さになっているか測ります。統一感を持たせるために横壁の梁の高さに揃えています。

内側の塗り作業も終わり、上段にだけ扉をはめ込んだ状態。このあと下段のツートン扉もはめ込み、現在のクローゼットになりました。

080

CREATE MY HOUSE

壁一面のクローゼットにお気に入りのバスルーム。
どちらも、資材から選び抜いて、現場にも足を運んで完成させました。
細部までこだわったから使いやすく、愛着のある場所です

BATHROOM

バスルームのイメージ源のひとつ、The Hoxtonの化粧室。ドアや洗面台などのテイストが好みにヒット。

私が越してくる前の現在の部屋のバスルーム。鏡張りでリビングから丸見えなこともありリフォームを決意。

全体の印象を左右する壁のタイルは、見本を取り寄せて並べてはあれこれ悩んで絞り込み。

それを建築士の方が設計図に落とし込んでくださり、モザイクタイルの職人さんに発注。

床のモザイクタイルを張るところからスタート。デザインは自分で原寸の厚紙に描いてみたりして確認（笑）。

蛇口の水栓いろいろ。水回りのパーツショップをいくつも回っていちばん気に入ったものにしました。

床が完成。続いては壁にタイルを埋め込みます。床からシャワーヘッドの上までがクリーム色のタイル、その上は白い塗装のツートンに。

SPECIAL ISSUE

MEMORIES OF HOME
これまでの家の思い出

まだ小さかった頃の娘の部屋。このベッドはティーンエイジャーになるまで使ってくれました。壁にあるSのデコレーションは今でも私の寝室に置かれています。

13年ほど前に住んでいた部屋のキッチン横のソファスペース。料理を作る私の横で子どもたちが寛いでいました。壁には息子の描いた絵を飾って。

この家は壁一面が飾り棚でした。「Astier de Villatte」で購入した対の照明がマットブラックの背景に映えるよう、ものはあまり置けず（涙）。

こちらの棚はオーダーして職人さんに作っていただきました。ボタニカルな鳥の柄の壁紙を自分で探して購入し、内側に張っていただきました。

CREATE MY HOUSE

これまで住んでいた家には、それぞれに当時の思い出がたくさん詰まっています。
家具やデコレーションの中には、今でも大切に持ってきて使っているものも。
そんな思い出の一部をご紹介します。

娘が小学校低学年ぐらいの頃のシューズボックス。ショップのような見せる収納にして壁紙も娘好みのイラストが描かれたものに。

子どもたちの絵は並べて飾ることでアクセントに。フレームは「Leroy Merlin」で購入した手頃なものをアイボリーにペイントして。

子どもたちの勉強机。椅子と机が一体型になったデザインは昔の学校で使われていたものだそうです。

前に住んでいた部屋のバスルーム。清潔感を大事にするため余計なものは見えないようにしていました。

2015年頃住んでいたアパルトマンのダイニングは、ミラーボールのような特徴的なランプがポイント。

仕事の都合で日本に部屋を借りていた時のリビングはナチュラル＆シンプル。テレビボードや収納ボックスは今の部屋でも使っています。

TOKO AMEMIYA　　MY HOME, MY LIFE.

Chapter

03

ROOM TOUR *in* PARIS

パリに住んでいると、
訪れるだけでため息が出るような
素敵なお宅を目にする機会もたくさんあります。
そんな中でも、私が大好きな
３つの素敵なお宅をご紹介します。

PARIS ROOM 01

Johanna Van Vliet
Yves Llobregat

ジョアンナ・ヴァン・ヴリット さん
イヴ・ヨブレガ さん

細部までこだわり
美しいものに
囲まれて暮らす
それこそが
日々の喜びになる

グレーが美しいKnoll社のソファーと、カラーを変えて何度も張り替えているETTORE SOTTSASSのひとり掛けソファが部屋の印象を作っているリビング。奥にはChristophe Lebretonの「ANNEAU D'OR」という作品が飾られている。蘭の花が飾られたポットもイタリアのアーティストであるEnzo Mariの作品。

Chapter 03　ROOM TOUR in PARIS　087

楕円のフォルムのダイニングテーブルは、柱に合わせて特注で作ったもの。テーブル上に置かれた「GAYA」という作品名のランプと部屋の奥にある「UPANA」という照明もともに ETTORE SOTTSASS のもの。来客時などは、イームズのヴィンテージチェアをはじめとした椅子を置いてダイニングテーブルとして使用する。

TOKO AMEMIYA　　MY HOME, MY LIFE.

ハイセンスなこだわりを詰め込んだ
ギャラリーのような部屋

パリ、18区にある近代建築を大改造して造られた部屋に住むのは、ジョアンナ・ヴァン・ヴリットさんと夫のイヴ・ヨブレガさんのおふたり。有名メゾンで働き、女優や著名人のパーソナルアドバイザーとしても活躍していたというジョアンナさんは、20年前にファッション業界から引退。現在ではイヴさんとともに、この家でのセカンドライフを楽しんでいるそう。

雨宮　ジョアンナさんとは今回初めてお会いしましたが、このお部屋は雑誌などで拝見していて、印象に残っていたんです。ジョアンナさんは70代後半。ほとんど私の母と同世代です。長らくファッション業界にいらっしゃったそうですが、今は演劇関連のお仕事をされているイヴさんとふたり暮らしとのこと。おふたりのセンスが細部までいきわたったお部屋は、まるでアートギャラリーのようでした。

——このお部屋は集合住宅をフルリフォームされているんですか？
雨宮　そうなんです。18区にある近代建築のアパルトマンです。
パリって、19世紀後半に建てられた近代建築よりもさらに古い建物がたくさん残っていて、地域にもよりますが築年数が経てばそれだけ価値があるとされています。有名なのはナポレオン3世の時代に建てられた、オスマニアン建築と言われる石造りのスタイル。古い建物はどうしてもメンテナンスが必要になったり、不便な部分も多かったりするのですが、佇まいにパリらしさが詰まっていて人気があります。一方で、きちんとエレベーターが付いていたり水回りのトラブルが少

(左)ソファの横に置かれたランプは INGO MAURER のプロダクト。ランプを置いているサイドテーブルは若手アーティストの作品だそう。(右)サンルームはちょっとしたものや普段使わないアイテムを置ける、フレキシブルなスペースとして使用。大きなグリーンが目隠し代わりになるよう工夫されている。

TOKO AMEMIYA　　MY HOME, MY LIFE.

なかったりと暮らしやすいわりに、比較的安価で借りられるのが近代建築のよさ。今回のおふたりもそんな使い勝手のよさを重視されてこの物件をチョイスしたようです。70年代の建物の壁やドアをできるだけ取り払い、大きなリビングダイニングにしています。

——中央にある白いテーブルがダイニングテーブルなんですね？

雨宮　そうです。このテーブルは造り付けで、真ん中にある柱は構造上どうしても取り外せなかった部分なのだそうです。それをテーブルの一部として取り込んでしまい、アートピースのように見せています。変形の机にばらばらなダイニングチェアに柱型の間接照明と、個性的なセレクトながら統一感があるのは、"おふたりの好きなもの"という一貫したテーマがあるからでしょうね。

——ダイニングの手前がキッチンですか？

雨宮　ダイニングと繋がってソファとローテーブルのリビングがあります。その手前がキッチンですね。リビングのソファは私も大好きなKnoll社のプロダクト。我が家にあるバルセロナ・チェアも同じKnoll社のものです。薄いグレーがとても上品ですよね。無造作に置かれたブランケットも同系色で揃えてあるのですが、こちらはボン・マルシェで購入されたそうで、決してブランドものだけで構成されているわけではないのに色味を合わせて統一感を出しているこのセンスには脱帽です。素敵なこのソファはセカンドハンドで、新品の半分ほどの値段のものを見つけて購入されたのだとか。ほしいものが出てくるまでじっくりと探し、心から納得できたものだけを家に入れる姿勢は、私もとても共感できます。

同じくリビングに置かれたカラフルなひとり掛けソファは、部屋全体のトーンに合わせて布を張り替えたそうです。私がうかがった時はこのリビングでアペロからスタートして、メインのお料理で奥のダイニングに移動する……そんなパリらしいディナーのスタイルでおもてなししてくださいました。

——おふたりの印象はいかがでしたか？

雨宮　ジョアンナさんは、夫とふたりきりでいるときでもきちんと装っているとおっしゃっていて、そのしゃんとした姿が魅力的でした。もともとファッション業界の方なので、モードなお洋服のことも多いようなのですが、部屋着のようなカジュアルなアイテムでもしっかりとメークしていらっしゃって素敵。ご自分の好きなものをよくご存じなのだと思います。パリのおしゃれな人たちはみなさん、時代や流行ではなく自分のスタイルを持つということにこだわるんですよ。このお部屋もまさにそんなこだわりで作られていますよね。

——まるでアートギャラリーのようなお部屋ですね。

雨宮　デザイナーズアイテムやアートピースがいたるところに飾られています。ちょっと緊張しそうですが、おふたりにとっては美しいものに囲まれることが何よりリラックスできる空間作りのポイントなんですね。例えばこの大きな鏡はマン・レイがデザインしたという楕円の鏡で、"Les Grands Transparents（大きくて透明）"という文字が入っています。ほかにも仕事先や旅先でさまざまな作品を買ってきてコレクションしていると教えてくれました。

——サンルームがあるのも印象的です。

雨宮　実はこのサンルームがちょっとした物置きのようにもなっていて、来客用の椅子やエクササイズ器具などが置いてあります。鉢植えのグリーンがうまい目隠しになっていますよね。パリの近代建築だとこういったサンルームのあるところも多いのですが、部屋全体が明るく見えますし抜け感が出て素敵だなと思います。

部屋には人となりが表れると言いますが、この部屋は本当にパーフェクトに計算されている。そして、パーフェクトであることを楽しんでいるのだと感じられますね。自分が思う完璧さを目指した部屋作りをつづけて進化させることこそが、この部屋に住むジョアンナさんの元気の秘訣にもなっているのだと感じられました。

（左）サンルーム手前にはイームズのラウンジチェアとオットマンのセットが置かれ、光と風を感じられるリラックススペースに。（中）コム・デ・ギャルソンが好きだと語るジョアンナと舞台関係の仕事をしているイヴ。（右上）ニューヨークのアートギャラリーで出合った作品はドームの中に花を入れて飾ることができる。（右下）キッチンの小物収納もシックな色合いとモダンな形で部屋の印象を壊さない。

Chapter 03　ROOM TOUR in PARIS

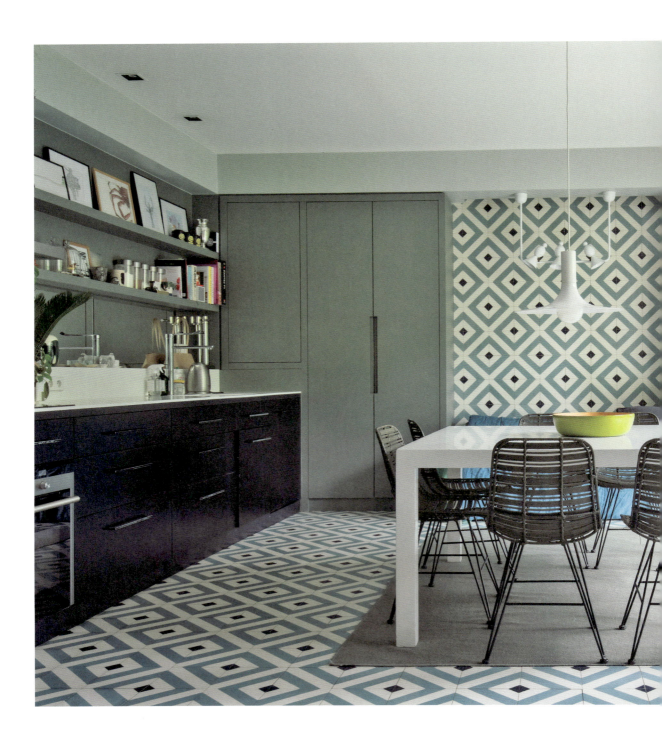

庭に面したダイニングキッチン。壁を取り払ってガラスの大きな扉を入れ、外からの木漏れ日が美しく差し込む。家全体のキーカラーであるグリーンをベースに、小物で色をきかせている。

PARIS ROOM
02

Anne Geistdoerfer

アンヌ・ジェスドエファー さん

パリの庭付き
一軒家をリフォーム
シックな色と
光にあふれた
人が集まる家

通りから一歩足を踏み入れれば
そこは静かでCozyな一軒家

──こちらの家は、庭がとても印象的です。

雨宮　そうなんです。表玄関を入るとお庭があって、その奥に一軒家があります。こちらは18区、モンマルトルの丘にも近く、緑も豊かで静かな空気が流れていて。ちょっと入るとこうした一軒家も珍しくありません。

この家に住んでいるアンヌは、もともと子どもたちが小さかった頃に住んでいた家の前オーナーさんでした。そこも一軒家風のアパルトマンで、天井が高く、とても素敵な玄関があったのにひと目惚。3戸あるうちの1階部分を購入したのが彼女との付き合いの始まりでした。

──となると、かなり長いお付き合いなのですね。

雨宮　はい。今回お邪魔した家も、本当に彼女らしいテイストがちりばめられていると感じます。まずは色。ブルーは彼女のお気に入りの色ですが、この家もブルーがキーカラーですね。しかも、階によってブルーのニュアンスを変えているのだそう。

──確かに、この統一感のある色彩感覚は素晴らしいです。

雨宮　少しくすんだ色味を金色や黒と組み合わせていますね。カーキもお好きな色とのことで、ところどころでアクセントになっています。

1階は中庭に面したダイニングキッチン、2階が子ども部屋、3階は夫婦の寝室、4階にリビング、そして屋上という造りです。

ダイニングキッチンは本来あった壁を取り払い、ガラス張りにしたそうです。中庭に面しているので外からは見えることがなく、オープンキッチンなこともあって気持ちのよい開放感がありますよね。籐の椅子をご自身でこのカラーに塗って、部屋全体をスモーキーなグリーンで統一しています。家族のだんらんはもっぱらこのダイニングなのだとか。彼女はインテリアデザイナーなので、家電の置き場や棚などの収納もすべてサイズを計算し、揃えて作っています。それでも整然としすぎた印象にならず、ものの置き方などにちゃんと生活感が見えるところはと

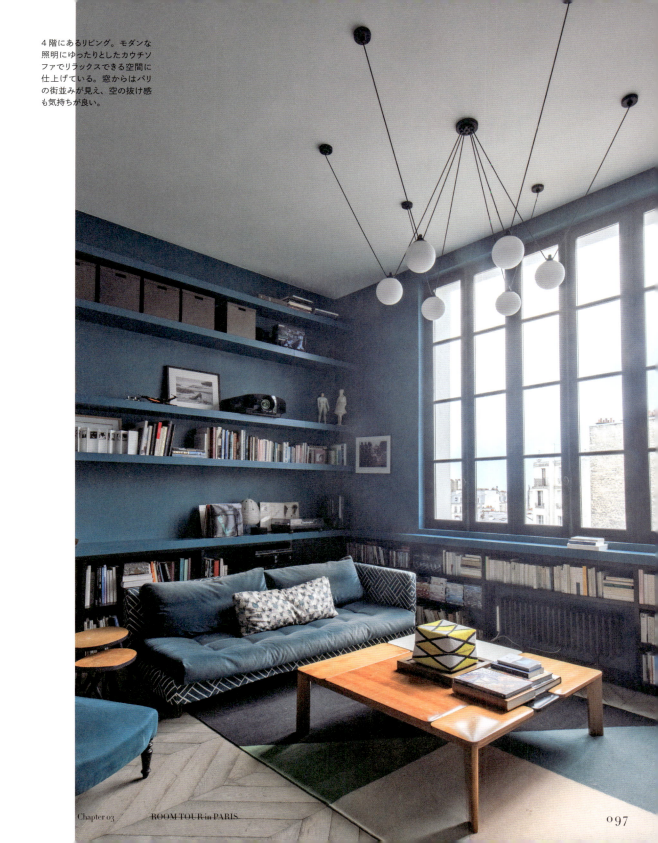

4階にあるリビング。モダンな照明にゆったりとしたカウチソファでリラックスできる空間に仕上げている。窓からはパリの街並みが見え、空の抜け感も気持ちが良い。

（上）夫妻の寝室は少し暗めのトーンのブルーグリーンの壁と、カーキのリネンがマッチしている。オレンジやイエローの小物がアクセントに。（下）庭側からキッチンを望む。幾何学模様の床タイルにもこだわりが見える。大きな冷蔵庫は業務用のもので、収納スペースもオリジナルで設計。

てもフランス人的だなと思いますね。

──キッチンの横の螺旋階段で上階に上がるのですね。それぞれの階にひとつの部屋ということでしょうか。
雨宮　そうです。寝室には各階ごとにバスルームがついています。ベッドからすぐの位置にバスルームがあるこの造りもフランスらしさを感じます。今回は夫婦の寝室を見せてもらいましたが、子どもたちの部屋にも子どもたち用のバスルームがあるはずです。ただ、パリはカルキの問題があるのでメンテナンスは大変かもしれません（笑）。

──フランスらしさといえば、雨宮さんのお部屋もそうなのですが、ベッドサイドには必ずランプがあります。
雨宮　そうですね。本を読む人が多いですし、ベッドの上で過ごすという習慣があるからではないでしょうか。休みの日など、ベッドの上で軽い朝食をとりながら本を読んだりゆっくりするようなことが多いです。本棚やレコード棚がある家も多いですね。雑然と置いてあるようでいて、ジャケットやカバーがインテリアの一部として機能するような"見せる収納"のセンスにはよく驚かされます。そういえば私が以前住んでいた家も書斎がありましたし、壁一面の大きな本棚がある家も珍しくありませんね。絵を飾っているお宅も多いです。我が家にも絵を飾りたいなと思っているのですが、なかなかこれだというものに出合えていなくて。

──こちらのお宅にはプロジェクターもあります。
雨宮　こちらのおうちはお互いのご友人やご家族を招いて、みんなで楽しく過ごすことも多いんです。そんな時はこの4階のリビングに集ってわいわいと楽しむ人たちもいれば、1階のダイニングや屋上テラスのカウチでのんびりする人もいる……というふうに、みんな自分の好きな場所で自由に過ごします。

──屋上もとても素敵です。
雨宮　テラスの横に小部屋があって、雨の日などは屋上からの景色を見ながらその小部屋でちょっとした作業をしたりもできるそうです。どんな日にどの部屋でどんな風に過ごすのか、生活が想像できるのも彼女の家の素敵なところですよね。

この家、実はもともとの建物の面影は螺旋階段ぐらいしか残っておらず、床材や壁材、タイルなども全てプロの目で緻密に計算しているのです。家を買うのに1年、工事に1年かけて完成したという家ですが、ノーブランドのものや手作りのもの、リメイクしたものも多く使われていて、おおらかなムードが漂っているところが何よりも素敵だと思います。

庭の向こうには通りを挟んで学校があり、時折音楽や歓声などが聞こえることもあるが、普段は喧騒から離れた静かな時間が流れている。

（上）屋上には小部屋とテラスがあり、天気のいい日にはカウチベッドでゆっくりと過ごす。グリーンは自動給水ができるシステムでいつも生き生きとした姿が楽しめる。（左下）中庭でお茶をするのはこの家のゲストたちのひそかな楽しみのひとつ。（右下）螺旋階段はもともとの建物のものを生かしている。床のヘリンボーンにもこだわったそう。

（左上）インテリアコーディネーターとして働くアンヌ。ナチュラルでおおらかな笑顔は、この家の包容力そのもののよう。（右上）中庭に置かれたガーデンチェアもキーカラーで統一。（右下）家族の本やCDはリビングの本棚に収納。見せる収納でも雑然としないのは収納するもののサイズや色を揃えているため。

Chapter 03　　ROOM TOUR in PARIS　　101

PARIS ROOM
03

Maho Kimoto

木本真帆 さん

パリらしさが
たっぷり詰まった
アパルトマン
程よい抜け感と
ヴィンテージが魅力の一室

（左）キッチンの天窓から顔を出すと、パリの街らしい景色が広がる。（右）ヘリンボーンの床は色味にもこだわっている。リビングとキッチンを隔てる壁にはガラスの格子を入れて抜け感のある空間に。

Chapter 03　ROOM TOUR in PARIS　　103

ワークスペースはヴィンテージ家具で統一。黒のアイアンと飴色のウッドで統一されていて、まるで誂えたかのようにまとまりがある。

センスの中に遊び心が光る
ヴィンテージスタイルの空間

パリ市内のオスマニアン建築に住んでいる木本真帆さん。そのご自宅のキッチンの天井にある窓から顔を出せば、目の前には煙突や屋根が幾重にも広がり、長い時を経ても変わらないパリらしい風景が味わえる。

──おふたりは日常的にお互いの家にも行き来されているとのことですが、そんな慣れ親しんだお宅の中でも印象的な部分はどこでしょう？
雨宮　この家の見どころのひとつは、最上階ならではの屋根の上から見えるパリの街並みでしょう。キッチンの天井が開く造りになっていて、そこにはしごをかけて上り、外に出ることができるんです。煙突や屋根裏部屋がダイナミックでしょう？　ゲストが来るとこのはしごをかけて、景色を見せてくれます。「こうなってるんだ！」なんて盛り上がりますよ。この景色、パリっ子にとっては本当に馴染み深いものです。こういった窓から屋根の上に上がって、ビールを飲んだりするのもパリジャンっぽい過ごし方です。

──変わらぬ街の風景が身近なのも古いアパルトマンの醍醐味ですね。こちらのお宅もリノベーションされているのですか？
雨宮　はい。彼女の夫が3Dの図面を描くこともあり、自分たちでいちから図面を起こして前のオーナー

の間取りを大幅に変えたリノベーションをしたそうです。このアパルトマンの元の造りでは、窓際には寝室があるんです。でも、光がよく入る部屋をリビングにということで、寝室を奥に、リビングを手前側に配置しなおしています。

──かなりの大工事ですね。広い空間には壁が少なく、緩やかにスペースが繋がっている印象です。
雨宮　バリエールで抜け感を作っていて、広々としていますよね。私もこのスタイルを自分の家作りの時にまねしたほどです（笑）。
リビングにはワークスペースが隣接していて、棚やデスクなど置いてあるのは全てヴィンテージの家具。何気なく飾られたオブジェも全て選び抜かれたヴィンテージアイテムなんですよ。この棚は造り付けに見えますが、この家に越してくる前から使っていたものがワークスペースの壁にピッタリはまったのだそうです。

──デスクや椅子も色が統一されていてまとまりがありますね。そんな中にクッションやポスターの色使いが映えています。
雨宮　このポスターは昔、実際に使われていたロンドンバスのバスロールで、デザイナーのご友人から譲り受けたと聞いています。彼女のインテリアには、ちょっ

とした遊び心があるんです。玄関の写真に写っているシルクハットのような形をした照明などもそのひとつ。その遊びの塩梅がフランスっぽいなと思います。

——キッチンはコンパクトな造りに見えます。
雨宮　それでも余裕で3〜4人は入れて、取り回しやすいサイズです。こちらのお宅はお金をかけてこだわる場所とそうでない場所のメリハリがついていて、このキッチンはIKEAのものなんだとか。収納などやっぱり使い勝手がいいそうです。このインダストリアルなテイストのランプは「MUUTO（ムート）」というブランドのアイテム。我が家にも同じブランドの収納ボックスがあります。彼女の夫もこだわりのある方で、例えばソファの足など細かいパーツにアイアンを取り入れているのは彼のセレクトですね。ウッドとヴィンテージアイテム、アイアンにモノトーンというのがこのお宅のイメージを作っています。

——どこかラフで飾り気がないのに大人っぽいのは、上質なアイテムをきちんと選んでいるからなんですね。ヘリンボーンの床などの細かい部分にもこだわりが感じられます。
雨宮　彼女はファッション業界で働いていますが、本人も飾り気なくカジュアルなところが大好きです。私は子どもの年齢が近いことがきっかけで交流が始まりました。この部屋に住み始めてから10年ほどが経っていますが、部屋探しのときに私も同行していましたよ（笑）。彼女自身がいろいろなことを定めてしまうことを嫌う性格だということもあり、ダイニングテーブルやソファの配置を時々変えていますが、もともと部屋にあった暖炉などは今でも冬になると活躍しています。クリスマスのシーズンはこの暖炉の前で友人たちと集ったりするんです。この家の素敵さは、こういうものを飾りにしないできちんと使っているところにあると思います。以前の家から持ってきたものも大事にして、自分たちのセンスを貫いている。そういうところに住んでいる人たちの人柄が表れて、来訪者を気持ちよく迎えてくれるんでしょうね。

清潔感あふれるバスルーム。斜めの天井に窓を付けて、光と風が入る気持ちのよい空間に。白とシルバーをベースに、モノトーンカラーのタイルや木の梁が絶妙なアクセントを与えている。

Chapter 03　ROOM TOUR in PARIS

（左）キッチンには料理好きな家主らしい大きなオーブン。床のタイルは浴室とは異なったモチーフのモノトーンで、玄関にあるシルクハット形のランプと相まって遊び心を感じさせる。（右）パリを拠点にファッションバイイングのコーディネーターをしている真帆。フランス人の夫との間に2人の子どもがおり、現在は海外留学中の長女を除いた3人暮らし。

（上）奥の香水瓶のような形の建物はアールヌーボー建築、それ以外のアパルトマンはすべてオスマニアンというスタイル。屋根裏部屋は古い時代に使用人たちが住んでいた場所で、この建築の特徴。（左下）猫のLaw（ロウ）も大事な家族の一員。パリの家には猫が多い。（右下）天窓にかけるはしご。この天窓からキッチンに気持ちの良い陽が差し込む。

EPILOGUE

私の家はともかくとして、センスあるパリジェンヌたちのお宅、楽しんでいただけたでしょうか？
この3人の皆さんには、大変お世話になりました。自宅を公開するということは、ふだんから整えていたとしても大変な労力を要したと思いますが、皆さん温かく対応して下さいました。中でも親友の真帆からは、私がこの家に決めた当初からさまざまなアドバイスを惜しみなくもらっていました。この場をお借りしてお礼を言いたいです。また、1年という長きに亘ってこの家に通い、素敵な写真を撮り続けてくれた篠あゆみさん。この本はまさに篠さんの作品でもあります。そして本を出すならこの方にデザインをお願いしたいとずっと思い続けていた、On-Point Design の永野有紀さんと、Chapter1と2の取材を手掛けてくれた30年来の友人の岡村佳代さん、メイクの遠藤弓さんにもお礼申し上げます。最後に、私のわがままやこだわりをすべて受け止め、私の大切なチームで思いのままに本づくりをさせてくださった、編集の北川編子さんに心からの感謝をお伝えします。
またこのチームで皆さまにお会いできますように……。

PROFILE

雨宮塔子　あめみやとうこ

1970年12月28日東京都生まれ。成城大学文芸学部英文学科
卒業。1993年にTBS（株式会社東京放送）に入社。「チュー
ボーですよ！」「どうぶつ奇想天外！」の初代番組アシスタン
トをはじめ、情報番組やスポーツ番組、ラジオ番組などで幅広
く活躍。
1999年、6年間のアナウンサー生活を経てTBSを退社。単身、
フランス・パリに渡り、フランス語、西洋美術史を学ぶ。
2016年から3年間「NEWS23」（TBS）のキャスターを務める。
その後拠点をパリに戻し、執筆活動の他、美術番組へ出演し
たり現地の情報をメディアに発信するなどしている。著書に
『パリに住むこと、生きること』（文藝春秋）、『パリ、この愛し
い人たち』（講談社）など著書多数。

マイ　　　ホーム　　　マイ　　ライフ
MY HOME, MY LIFE.

2024年9月30日　初版第1刷発行

著者　　雨宮塔子
　　　　あめみやとうこ
発行者　三宅貴久
発行所　株式会社　光文社
　　　　〒112-8011 東京都文京区音羽1-16-6
　　　　電話：編集部 03-5395-8172
　　　　　　　書籍販売部 03-5395-8116
　　　　　　　制作部 03-5395-8125
　　　　メール：non@kobunsha.com
　　　　落丁本・乱丁本は制作部へご連絡くだされば、
　　　　お取り替えいたします。
組版　　堀内印刷
印刷所　堀内印刷
製本所　ナショナル製本

®＜日本複製権センター委託出版物＞
本書の無断複写複製（コピー）は著作権法上での例外を除き禁じら
れています。本書をコピーされる場合は、そのつど事前に、日本複製
権センター（☎03-6809-1281、e-mail: jrrc_info@jrrc.or.jp）の許
諾を得てください。
本書の電子化は私的使用に限り、著作権法上認められています。た
だし代行業者等の第三者による電子データ化及び電子書籍化は、い
かなる場合も認められておりません。

© Toko Amemiya 2024　Printed in Japan
ISBN978-4-334-10435-1

ブックデザイン／On-Point Design Ltd.
撮影／篠あゆみ
メイクアップ／遠藤弓
取材・文／岡村佳代
編集／北川編子（光文社）